school - sekolah	17
reis - perjalanan	20
transport - transportasi	22
stad - kota	23
landschap - pemandangan	27
restaurant - restauran	31
supermarkt - supermarket	33
dranken - minuman	35
eten - makanan	38
boerderij - pertanian	42
huis - rumah	44
woonkamer - ruang tamu	49
keuken - dapur	51
badkamer - kamar mandi	53
kinderkamer - kamar anak	56
kleding - pakaian	57
kantoor - kantor	59
economie - ekonomi	62
beroepen - pekerjaan	63
gereedschap - alat	67
muziekinstrumenten - alat musik	68
dierentuin - kebun binatang	72
sport - olahraga	76
activiteiten - aktivitas	77
familie - keluarga	79
lichaam - badan	80
ziekenhuis - rumah sakit	81
noodgeval - darurat	83
aarde - bumi	84
klok - jam	85
week - minggu	88
jaar - tahun	90
vormen - bentuk	91
kleuren - warna-warna	92
tegenstellingen - berlawanan	
getallen - angka-angka	
talen - bahasa-bahasa	
wie / wat / hoe - siapa / apa / begaimana	
waar - dimana	

Impressum
Verlag: BABADADA GmbH, Nedderfeld 112 , 22529 Hamburg
Geschäftsführer / Verlagsleitung: Harald Hof
Druck: Books on Demand GmbH, In de Tarpen 42, 22848 Norderstedt

Imprint
Publisher: BABADADA GmbH, Nedderfeld 112 , 22529 Hamburg, Germany
Managing Director / Publishing direction: Harald Hof
Print: Books on Demand GmbH, In de Tarpen 42, 22848 Norderstedt, Germany

school
sekolah

- delen / membagi
- bord / papan
- klaslokaal / ruang kelas
- leraar / guru
- schoolplein / halaman sekolah
- papier / kertas
- pen / pena
- bureau / meja kerja
- lineaal / penggaris
- schrijven / menulis
- boek / buku
- leerling / murit

schooltas
tas sekolah

etui
tempat pensil

potlood
pensil

puntenslijper
pengasah pensil

gum
penghapus

beeldwoordenboek
kamus gambar

school - sekolah

schetsblok	tekening	penseel
kertas gambar	gambar	kuas

verfdoos	schaar	lijm
kotak cat	gunting	lem

schrift	huiswerk	getal
buku latihan	pekerjaan rumah	angka

optellen	aftrekken	vermenigvuldigen
tambhakan	mengurangi	mengalikan

rekenen	letter	alfabet
menghitung	huruf	alfabet

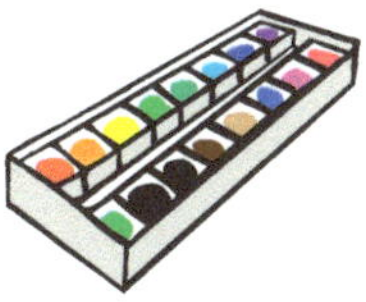

school - sekolah

woord	tekst	lezen
kata	teks	membaca

krijt	les	klassenboek
kapur	pelajaran	daftar

examen	diploma	schooluniform
ujian	sertifikat	seragam sekolah

opleiding	encyclopedie	universiteit
pendidikan	ensiklopedi	universitas
	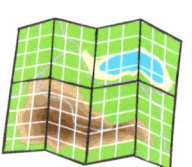	
microscoop	kaart	prullenmand
mikroskop	peta	tempat sampah

reis
perjalanan

hotel / hotel

hostel / hostel

wisselkantoor / kantor pertukaran mata uang

koffer / koper

auto / mobil

taal
bahasa

ja / nee
ya / tidak

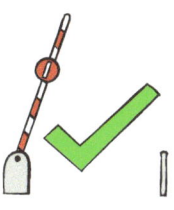

oké
okay

Hallo!
hallo

tolk
penerjemah

Bedankt.
terima kasih

reis - perjalanan 5

Wat kost ...?	Ik begrijp het niet.	probleem
Berapa harganya...?	saya tidak mengerti	masalah

Goedenavond!	Goedemorgen!	Goedenacht!
Selamat malam!	Selamat siang!	Selamat tidur!

Tot ziens!	richting	bagage
sampai jumpa	arah	bagasi

tas	rugzak	gast
tas	ransel	tamu
	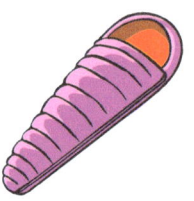	
kamer	slaapzak	tent
ruang	kantong tidur	tenda

reis - perjalanan

VVV-kantoor	strand	creditkaart
informasi wisata	pantai	kartu kredit

ontbijt	lunch	diner
sarapan	makan siang	makan malam

kaartje	lift	postzegel
tiket	elevator	perangko

grens	douane	ambassade
perbatasan	cukai	kedutaan

visum	paspoort	
visa	paspor	

reis - perjalanan

transport
transportasi

vliegtuig
kapal terbang

schip
perahu

brandweerwagen
mobil pemadam kebakaran

vrachtauto
truk

bus
bis

motorboot
perahu motor

auto
mobil

fiets
sepeda

veerboot
feri

boot
perahu

motorfiets
sepeda motor

politiewagen
mobil polisi

raceauto
mobil balapan

huurauto
mobil sewa

carsharing	takelwagen	vuilniswagen
berbagi mobil	truk derek	truk sampah

motor	benzine	benzinepomp
motor	bahan bakar	bensin
	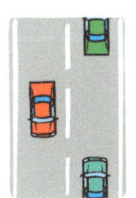	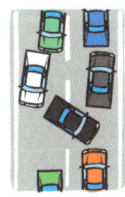
verkeersbord	verkeer	file
tanda lalulintas	lalulintas	macet

parkeerplaats	station	rails
parkir mobil	stasiun kereta	trek
	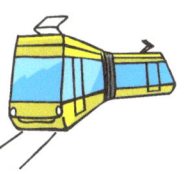	
trein	tram	wagon
kereta api	tram	gerobak

transport - transportasi

helikopter
helikopter

luchthaven
bendara

toren
menara

passagier
penumpang

container
container

verhuisdoos
karton

kar
troli

mand
keranjang

opstijgen / landen
berangkat / mendarat

stad
kota

dorp
desa

stadscentrum
pusat kota

huis
rumah

10 stad - kota

bioscoop
bioskop

reclame
iklan

straatlantaarn
lampu jalanan

straat
jalanan

taxi
taksi

kiosk
toko jajan

voetganger
pejalan kaki

trottoir
trotoar

stoplicht
lampu lalu lintas

kruispunt
penyebarang

zebrapad
tempat penyebrangan jalan

vuilnisbak
tempat sampah

hut
gubuk

appartement
rumah flat

station
stasiun kereta

stadhuis
balai kota

museum
museum

school
sekolah

stad - kota

universiteit
universitas

bank
bank

ziekenhuis
rumah sakit

hotel
hotel

apotheek
farmasi

kantoor
kantor

boekenwinkel
toko buku

winkel
toko

bloemenwinkel
toko bunga

supermarkt
supermarket

markt
pasar

warenhuis
toko serba ada

visboer
nelayan

winkelcentrum
pusat belanja

haven
pelabuhan

stad - kota

park
taman

bank
banku

brug
jembatan

trap
tangga

metro
kereta bawah tanah

tunnel
terowongan

bushalte
pemberhantian bis

bar
bar

restaurant
restauran

brievenbus
kotak surat

straatnaambord
tanda jalan

parkeermeter
meteran parkir

dierentuin
kebun binatang

zwembad
kolam renang

moskee
mesjid

stad - kota

boerderij
pertanian

vervuiling
polusi

begraafplaats
kuburan

kerk
gereja

speelplaats
tempat bermain

tempel
pura

landschap
pemandangan

- blad / daun
- wegwijzer / penunjuk arah
- weg / jalanan
- weide / padang rumput
- steen / batu
- boom / pohon
- wandelaar / pejalak kaki
- rivier / sungai
- gras / rumput
- bloem / bunga

vallei
lembah

berg
bukit

meer
danau

bos
hutan

woestijn
padang gurun

vulkaan
gunung berapi

kasteel
istana

regenboog
pelangi

paddenstoel
jamur

palmboom
pohon palem

mug
nyamuk

vlieg
lalat

mier
semut

bij
lebah

spin
laba-laba

landschap - pemandangan

kever
kumbang

kikker
kodok

eekhoorn
tupai

egel
landak

haas
kelinci

uil
burung hantu

vogel
burung

zwaan
angsa

wild zwijn
babi jantan

hert
rusa

eland
rusa

stuwdam
bendungan

windmolen
turbin angin

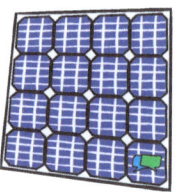
zonnepaneel
panel surya

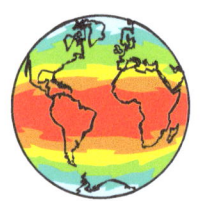
klimaat
iklim

16 landschap - pemandangan

restaurant
restauran

- ober / pelayan
- menu / daftar makanan
- stoel / kursi
- soep / sup
- pizza / pizza
- bestek / peralatan makan
- tafelkleed / taplak

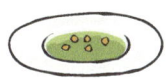

voorgerecht
hindangan pembuka

hoofdgerecht
hidangan utama

toetje
hidangan penutup

dranken
minuman

eten
makanan

fles
botol

fastfood	eetkraampje	theepot
fastfood	masakan jalanan	teko teh
	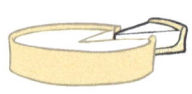	
suikerpot	portie	espressomachine
kaleng gula	porsi	mesin espresso
		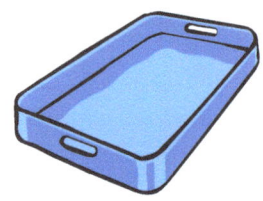
kinderstoel	rekening	dienblad
kursi tinggi	tagihan	baki

mes	vork	lepel
pisau	garpu	sendok

theelepel	servet	glas
sendok teh	serbet	gelas

restaurant - restauran

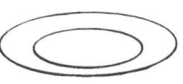
bord
piring

soepbord
piring sup

schotel
lepek

saus
saus

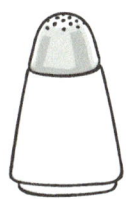
zoutvaatje
tempat garam

pepermolen
gilingan merica

azijn
cuka

olie
minyak

kruiden
bumbu

ketchup
saus tomat

mosterd
mustar

mayonaise
mayones

supermarkt

supermarket

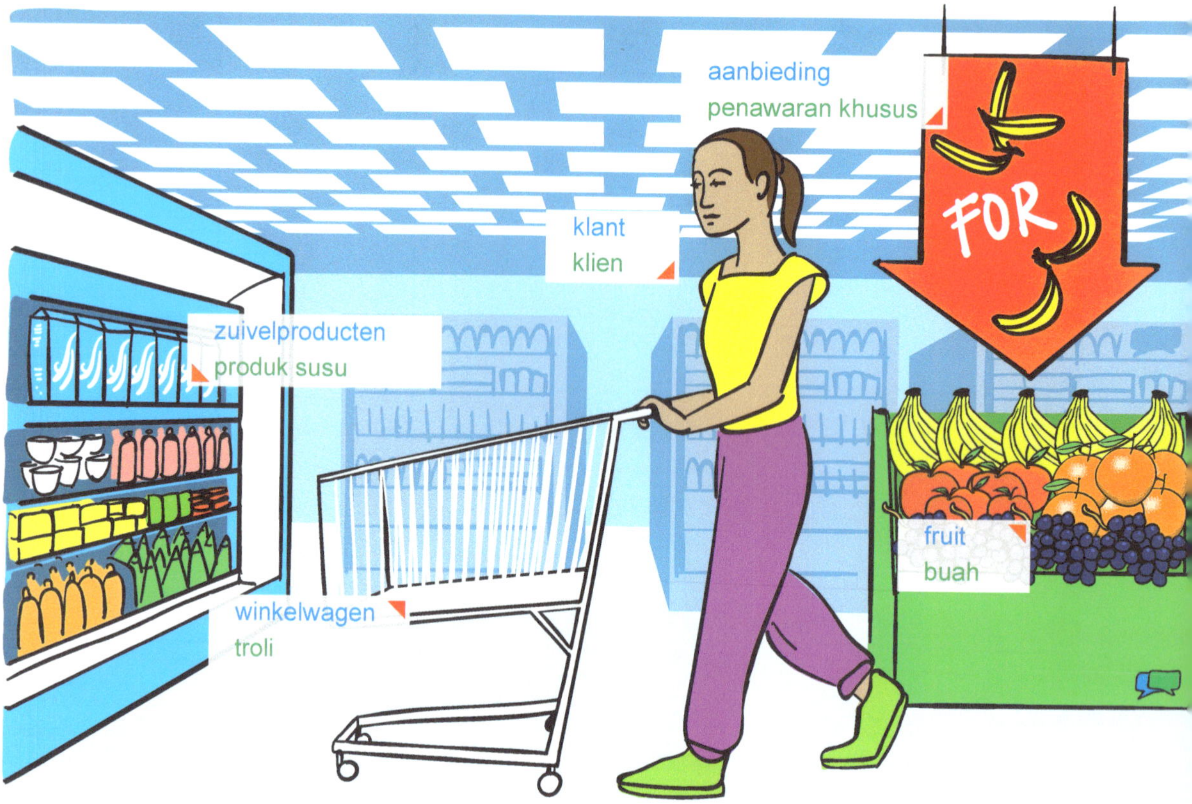

aanbieding
penawaran khusus
FOR
klant
klien
zuivelproducten
produk susu
fruit
buah
winkelwagen
troli

BUTCHERS

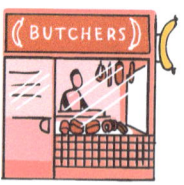

slager

pembantai

BAKERY

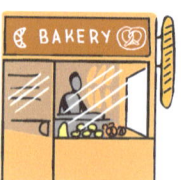

bakkerij

toko roti

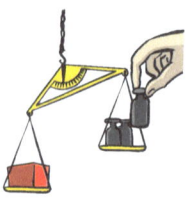

wegen

menimbang

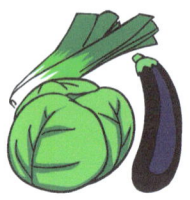

groente

sayur

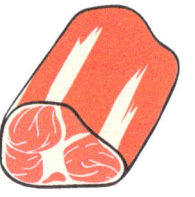

vlees

daging

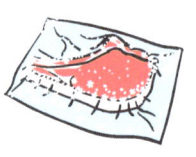

diepvriesproducten

makanan beku

vleeswaren	conserven	wasmiddel
pemotongan dingin	makanan kaleng	sabun serbuk

snoepgoed	huishoudelijke artikelen	schoonmaakmiddel
permen	alat-alat rumah tangga	obat pembersihan

verkoopster	kassa	kassier
penjual	kasa	kasir

boodschappenlijstje	openingstijden	portefeuille
daftar belanja	jam buka	dompet

  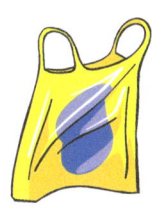

creditkaart	tas	plastic zak
kartu kredit	tas	kantong plastik

supermarkt - supermarket

dranken
minuman

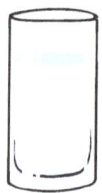
water
air

sap
jus

melk
susu

cola
cola

wijn
anggur

bier
bir

alcohol
alkohol

chocolademelk
coklat

thee
teh

koffie
kopi

espresso
espresso

cappuccino
cappucino

eten
makanan

banaan
pisang

appel
apel

sinaasappel
jeruk

watermeloen
semangka

citroen
jeruk lemon

wortel
wortel

knoflook
bawang putih

bamboe
bambu

ui
bawang bombai

paddenstoel
jamur

noten
kacang

pasta
mi

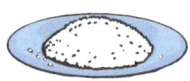

| spaghetti | rijst | salade |
| spagetti | nasi | salat |

| friet | gebakken aardappelen | pizza |
| kentang goreng | kentang goreng | pizza |

| hamburger | sandwich | schnitzel |
| hamburger | sandwich | sayatan |

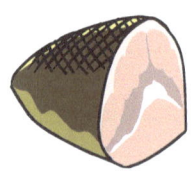

| ham | salami | worst |
| ham | salami | sosis |

| kip | gebraad | vis |
| ayam | menggoreng | ikan |

eten - makanan

havermout
bubur gandum

muesli
sereal

cornflakes
cornflakes

meel
tepung

croissant
croissant

broodjes
roti

brood
roti

toast
toast

koekjes
biskuit

boter
mentega

kwark
dadih

taart
kue

ei
telur

gebakken ei
telur goreng

kaas
keju

eten - makanan

ijs
eskrim

suiker
gula

honing
madu

jam
selai

chocoladepasta
krim nugat

kerrie
kare

eten - makanan

boerderij
pertanian

boerderij / rumah peternakan
schuur / lumbung
hooibaal / bale jemari
veld / lapangan
paard / kuda
aanhangwagen / kereta gandeng
veulen / anak kuda
tractor / traktor
ezel / keledai
schaap / domba
lam / domba

geit
kambing

koe
sapi

kalf
betis

varken
babi

big
celeng

stier
banteng

gans
angsa

eend
bebek

kuiken
anak ayam

kip
ayam

haan
ayam jantan

rat
tikus

kat
kucing

muis
tikus

os
lembu

hond
anjing

hondenhok
rumah anjing

tuinslang
selang

gieter
penyiram

zeis
sabit

ploeg
bajak

boerderij - pertanian

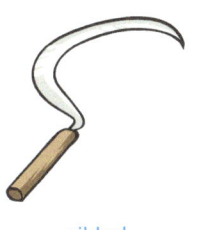		
sikkel	schoffel	hooivork
sabit	cangkul	garpu rumput

bijl	kruiwagen	trog
kapak	gerobak	palung

melkbus	zak	hek
kaleng susu	karung	pagar
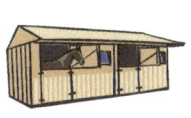	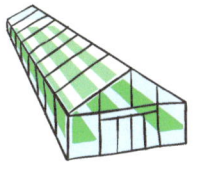	
stal	broeikas	grond
kandang	rumah kaca	tanah
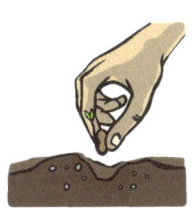		
zaad	mest	maaidorser
benih	pupuk	mesin pemanen

oogsten
panen

oogst
panen

yam
yams

tarwe
gandum

soja
kedelai

aardappel
kentang

maïs
jagung

koolzaad
lobak

fruitboom
pohon buah

maniok
singkong

granen
sereal

boerderij - pertanian

huis
rumah

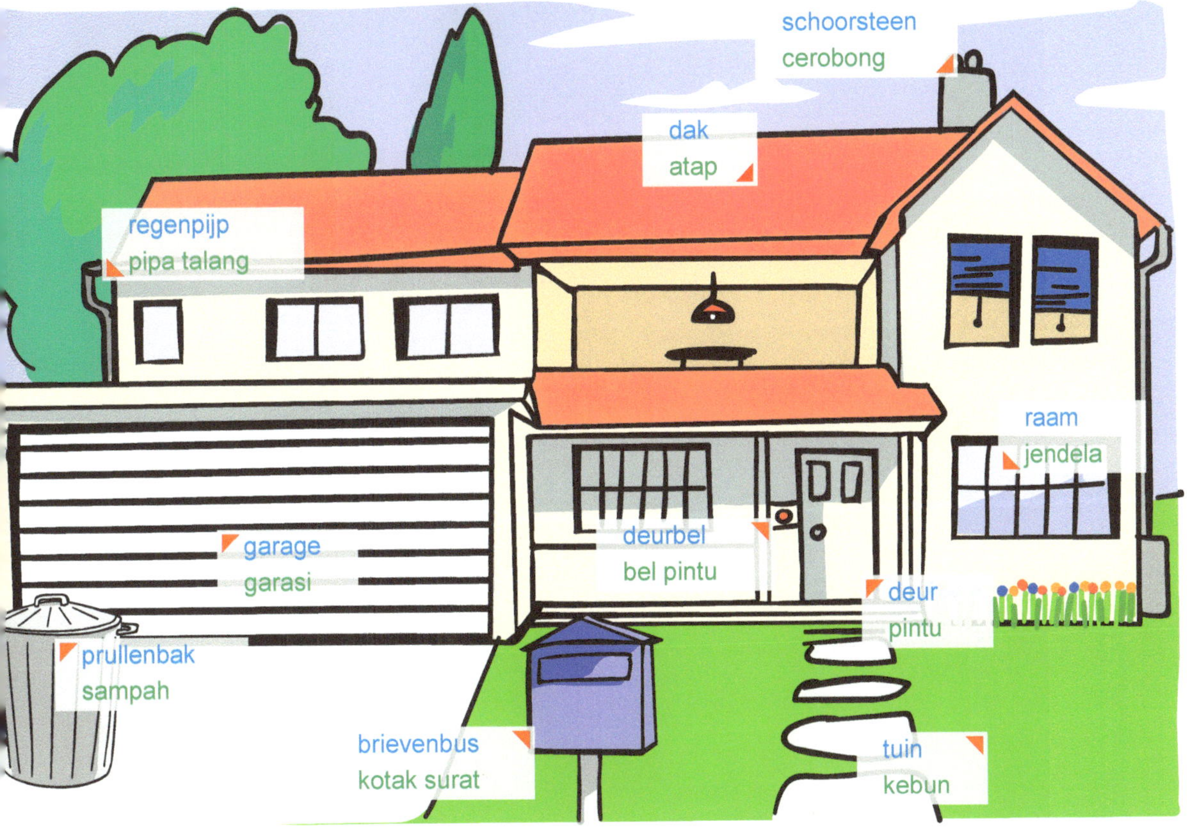

schoorsteen
cerobong

dak
atap

regenpijp
pipa talang

raam
jendela

garage
garasi

deurbel
bel pintu

deur
pintu

prullenbak
sampah

brievenbus
kotak surat

tuin
kebun

woonkamer
ruang tamu

badkamer
kamar mandi

keuken
dapur

slaapkamer
kamar tidur

kinderkamer
kamar anak

eetkamer
kamar makan

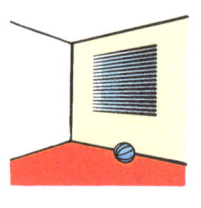 vloer lantai	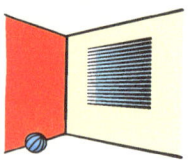 muur tembok	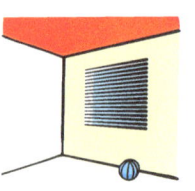 plafond atap
 kelder gudang di bawah tanah	 sauna sauna	 balkon balkon
 terras teras	 zwembad kolam renang	 grasmaaier mesin pemotong rumput
 laken sprei	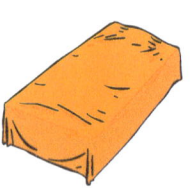 bedsprei selimut	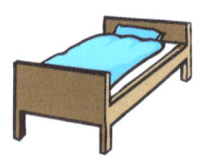 bed tempat tidur
 bezem sapu	 emmer ember	 schakelaar tombol

huis - rumah

woonkamer
ruang tamu

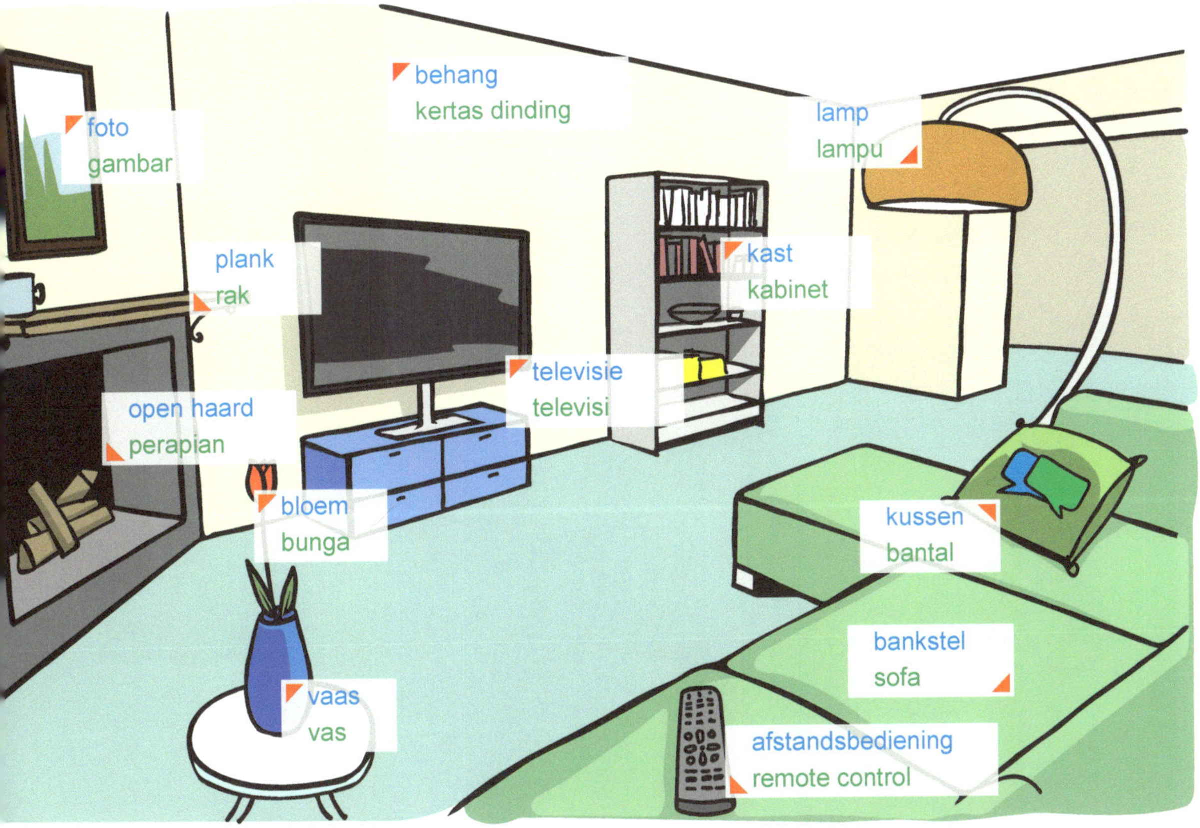

- foto / gambar
- behang / kertas dinding
- lamp / lampu
- plank / rak
- kast / kabinet
- open haard / perapian
- televisie / televisi
- bloem / bunga
- kussen / bantal
- bankstel / sofa
- vaas / vas
- afstandsbediening / remote control

tapijt
karpet

gordijn
korden

tafel
meja

stoel
kursi

schommelstoel
kursi goyang

stoel
kursi malas

boek	deken	decoratie
buku	selimut	dekorasi

brandhout	film	stereo-installatie
kayu bakar	filem	hi-fi

sleutel	krant	schilderij
kunci	koran	lukisan

poster	radio	kladblok
poster	radio	buku tulis

stofzuiger	cactus	kaars
penyedot debu	kaktus	lilin

keuken
dapur

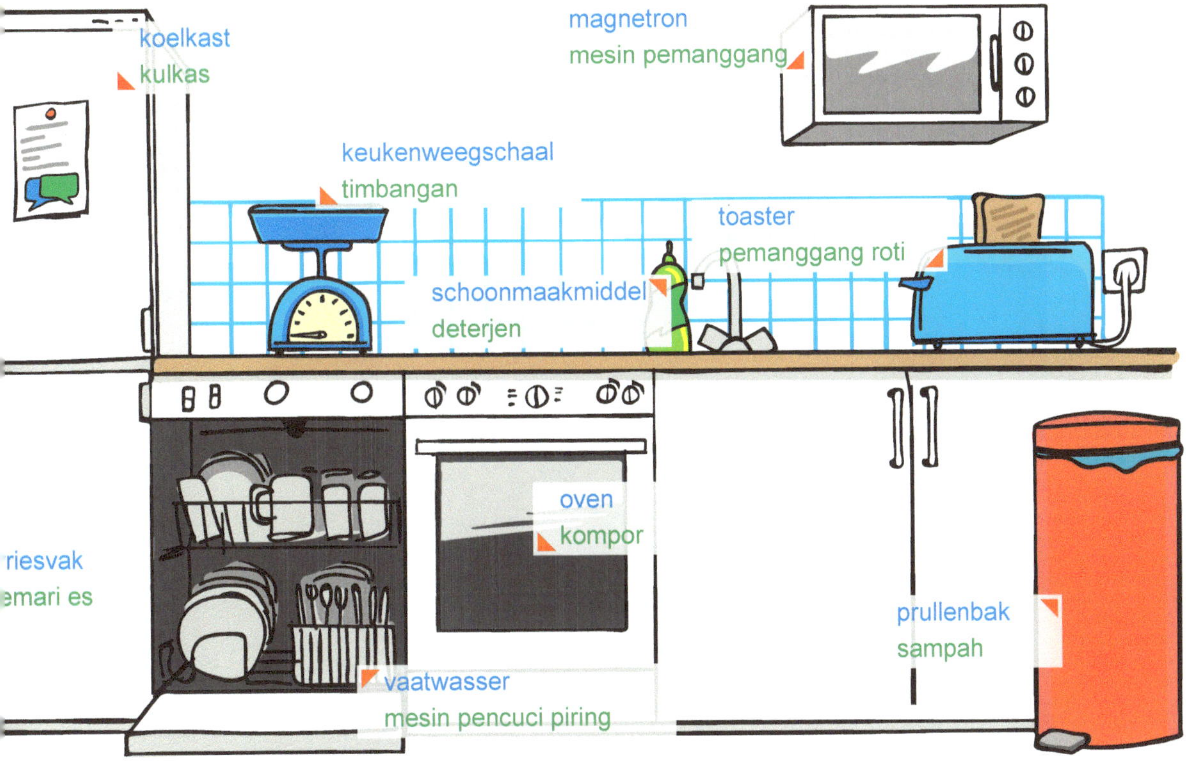

- koelkast / kulkas
- magnetron / mesin pemanggang
- keukenweegschaal / timbangan
- toaster / pemanggang roti
- schoonmaakmiddel / deterjen
- vriesvak / lemari es
- oven / kompor
- prullenbak / sampah
- vaatwasser / mesin pencuci piring

fornuis
kompor

pan
panci

gietijzeren pan
panci besi

wok / kadai
wajan

koekenpan
panci

ketel
pemanas air

keuken - dapur

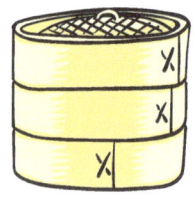		
stoomkoker	bakplaat	servies
panci pengukus makanan	nampan	piring

beker	kom	eetstokjes
cangkir	mangkok	sumpit

soeplepel	spatel	garde
sendok sup	sudip	mengocok

vergiet	zeef	rasp
saringan	saringan	parutan

vijzel	barbecue	vuurhaard
mortir	barbeque	api terbuka

keuken - dapur

snijplank	deegroller	kurkentrekker
papan memotong	gilingan	alat pembuka botol
blik	blikopener	pannenlap
kaleng	pembuka kaleng	pegangan panci
wasbak	borstel	spons
wastafel	sikat	busa
blender	vriezer	babyflesje
mesin pencampur	lemari es	botol bayi
kraan		
keran		

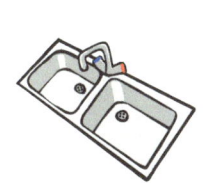

keuken - dapur

badkamer
kamar mandi

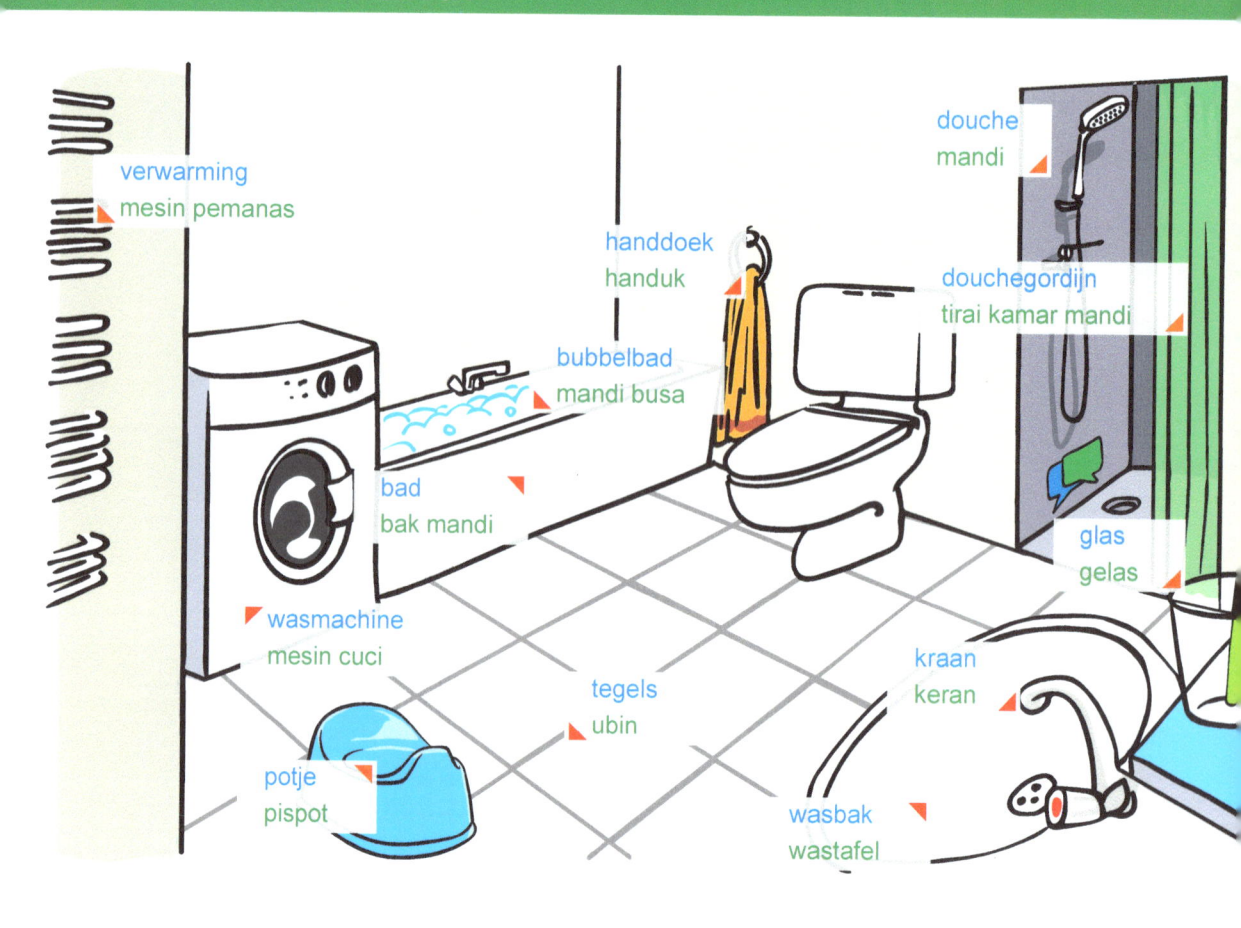

verwarming
mesin pemanas

douche
mandi

handdoek
handuk

douchegordijn
tirai kamar mandi

bubbelbad
mandi busa

bad
bak mandi

glas
gelas

wasmachine
mesin cuci

kraan
keran

tegels
ubin

potje
pispot

wasbak
wastafel

toilet	hurktoilet	bidet
toilet	toilet jongkok	bidet

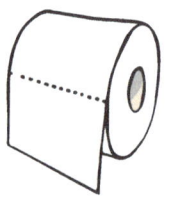

urinoir	toiletpapier	toiletborstel
pissoir	kertas toilet	sikat toilet

badkamer - kamar mandi

tandenborstel	tandpasta	flosdraad
sikat gigi	pasta gigi	benang gigi
wassen	handdouche	toiletdouche
menyuci	pancuran tangan	pancuran
waskom	rugborstel	zeep
bak	sikat punggung	sabun
douchegel	shampoo	washanje
gel mandi	sampo	planel
afvoer	creme	deodorant
kuras	krim	deodoran

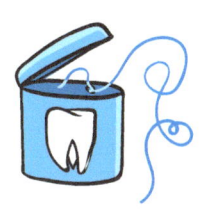

badkamer - kamar mandi

spiegel	**make-upspiegel**	**scheermes**
kaca	cermin tangan	pisau cukur
scheerschuim	**aftershave**	**kam**
busa cukur	aftershave	sisir
borstel	**haardroger**	**haarspray**
sikat	alat pengering rambut	semprot rambut
make-up	**lippenstift**	**nagellak**
makeup	lipstik	cat kuku
watten	**nagelschaartje**	**parfum**
kapas	gunting kuku	minyak wangi

badkamer - kamar mandi

toilettas	kruk	weegschaal
kantong pencuci	bangku	timbangan
badjas	rubber handschoenen	tampon
mantel mandi	sarung tangan karet	tampon
maandverband	chemisch toilet	
handuk pembalut	toilet kimia	

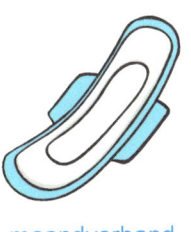

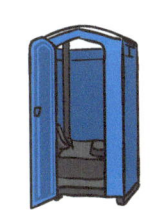

badkamer - kamar mandi

kinderkamer
kamar anak

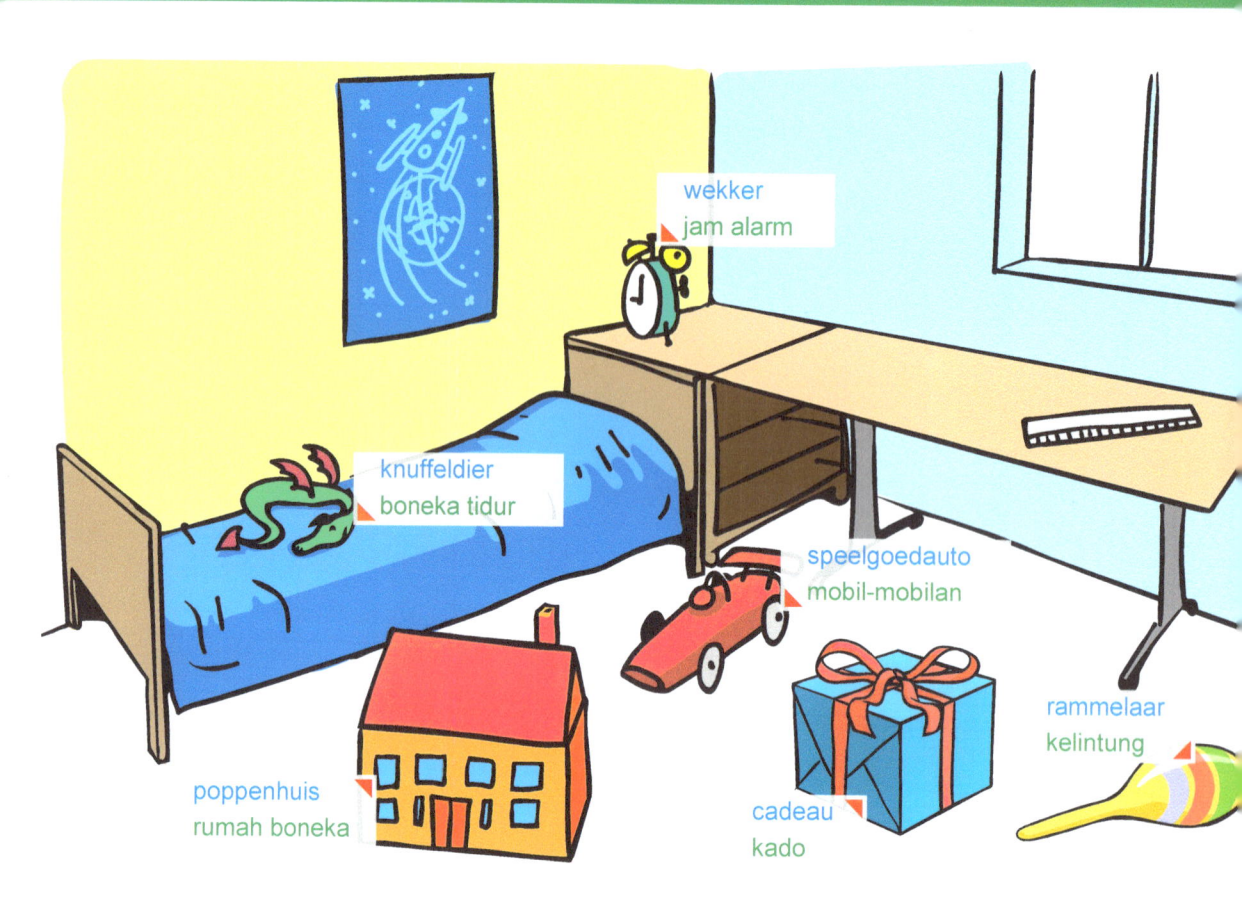

- wekker / jam alarm
- knuffeldier / boneka tidur
- speelgoedauto / mobil-mobilan
- poppenhuis / rumah boneka
- cadeau / kado
- rammelaar / kelintung

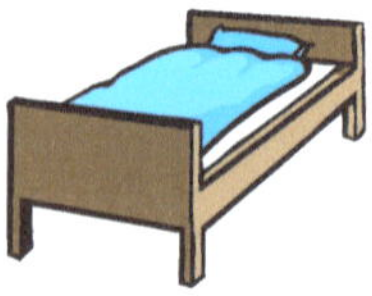

ballon	bed	kinderwagen
balon	tempat tidur	kereta bayi

kaartspel	puzzel	stripverhaal
mainan kartu	teka-teki	komik

legostenen	speelgoedblokken	actiefiguurtje
mainan lego	blok mainan	figur aksi
romper	frisbee	mobile
baju monyet	frisbee	mobile
bordspel	dobbelsteen	modeltrein
permainan papan	dadu	set model kreta api
speen	feestje	prentenboek
dot	pesta	buku gambar
bal	pop	spelen
bola	boneka	bermain

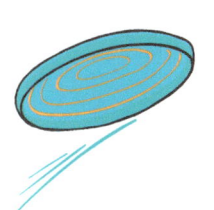

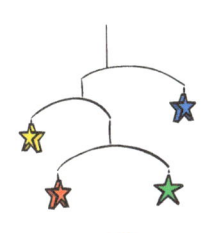

kinderkamer - kamar anak

zandbak	schommel	speelgoed
tempat main pasir	ayunan	mainan
spelcomputer	driewieler	teddybeer
video game konsol	sepeda roda tiga	teddy
kleerkast		
lemari pakaian		

kleding
pakaian

sokken	kousen	panty
kaos kaki	kaos kaki	baju ketat

sjaal
syal

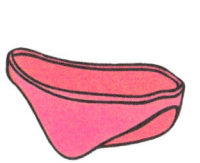

paraplu
payung

T-shirt
kaos

riem
sabuk

laarzen
sepatu bot

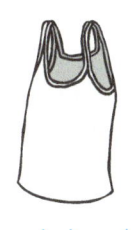

pantoffels
sandal

sportschoenen
sepatu

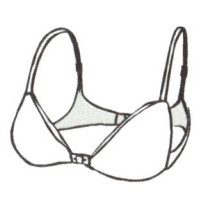

sandalen	schoenen	rubberlaarzen
sandal	sepatu	sepatu bot karet

onderbroek	beha	onderhemd
celana dalam	BH	baju rompi

kleding - pakaian

body	broek	spijkerbroek
body	celana	jeans
rok	blouse	overhemd
rok	blus	kemeja
trui	hoody	blazer
aket berkerudung	sweater	jaket
jas	mantel	regenjas
jaket	mantel	jas hujan
kostuum	jurk	trouwjurk
kostum	gaun	gaun pengantin

kleding - pakaian

pak	nachthemd	pyjama
setelan resmi	gaun tidur	piyama
sari	hoofddoek	tulband
sari	jilbab	turban
boerka	kaftan	abaja
burka	kaftan	abaya
zwempak	zwembroek	korte broek
pakaian renang	celana renang	celana pendek
trainingspak	schort	handschoenen
olah raga	celemek	sarung tangan

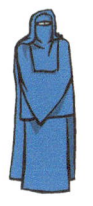

kleding - pakaian

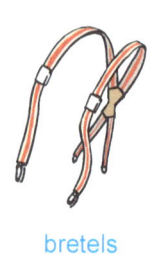

knoop	bril	armband
kancing	kacamata	gelang
ketting	ring	oorbel
kalung	cincin	anting
pet	kledinghanger	hoed
topi	gantungan mantel	topi
stropdas	rits	helm
dasi	ritsleting	helm
bretels	schooluniform	uniform
tali selempang	seragam sekolah	seragam

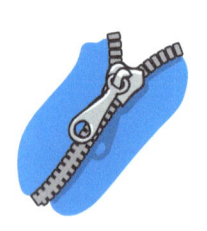

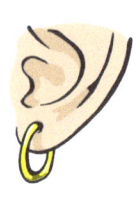

kleding - pakaian

slabbetje
oto

speen
dot

luier
popok

kantoor
kantor

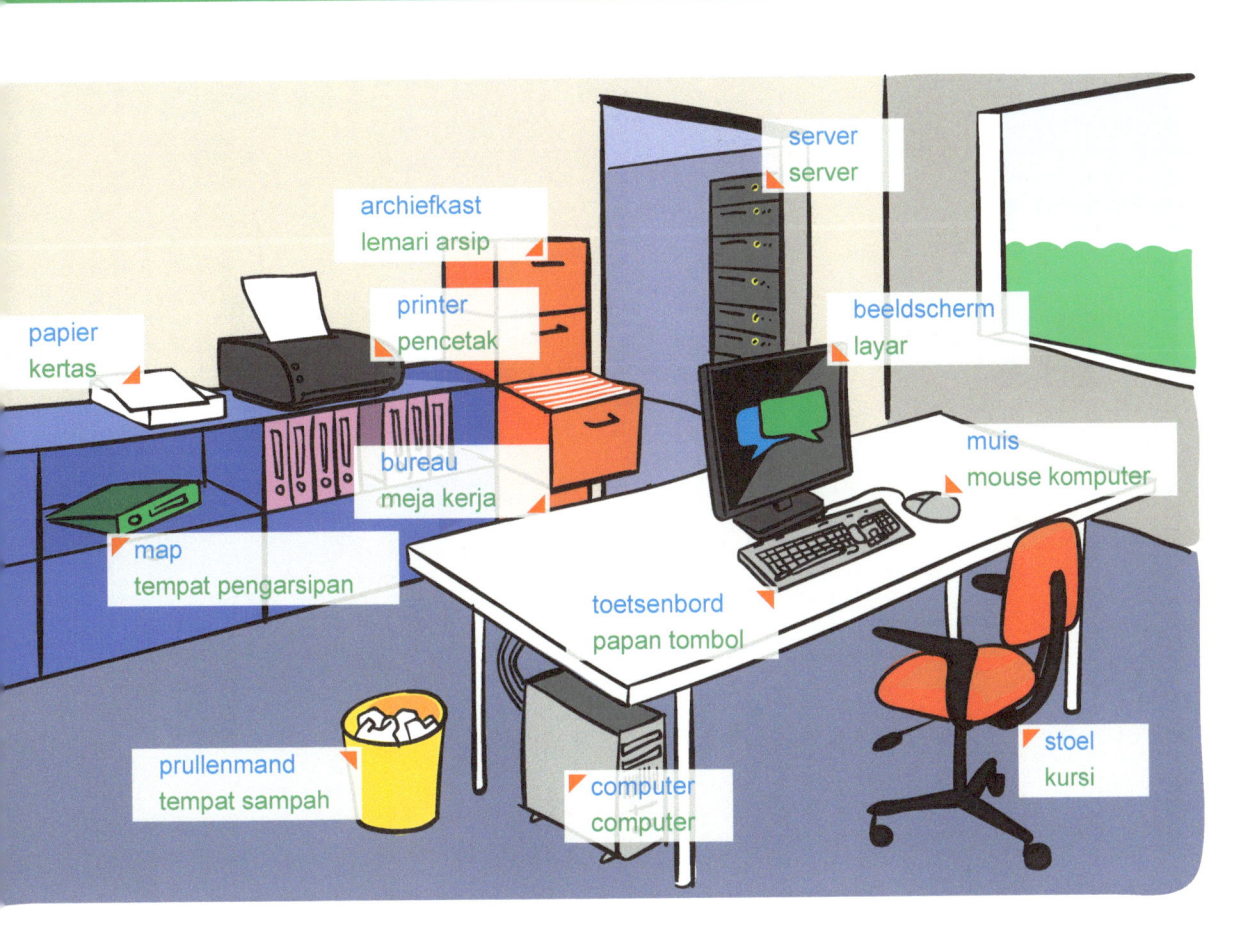

server
server

archiefkast
lemari arsip

printer
pencetak

papier
kertas

beeldscherm
layar

muis
mouse komputer

bureau
meja kerja

map
tempat pengarsipan

toetsenbord
papan tombol

prullenmand
tempat sampah

stoel
kursi

computer
computer

koffiemok
cangkir kopi

rekenmachine
kalkulator

internet
internet

kantoor - kantor 49

laptop	brief	bericht
laptop	surat	pesan
mobiele telefoon	netwerk	kopieermachine
telepon seluler	jaringan	fotokopi
software	telefoon	stopcontact
software	telepon	plug soket
fax	formulier	document
mesin fax	formulir	dokumen

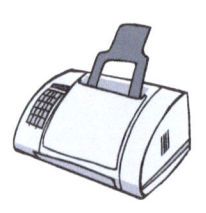

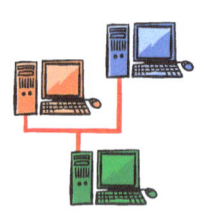

kantoor - kantor

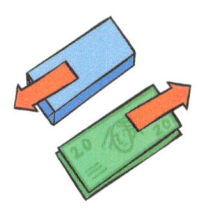

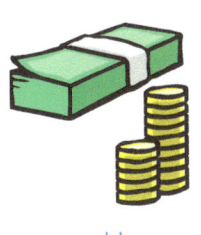

economie
ekonomi

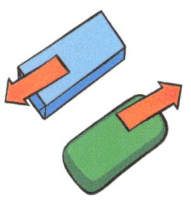

kopen	betalen	handel drijven
membeli	membayar	berdagang

geld	dollar	euro
uang	Dollar	Euro

yen	roebel	Zwitserse frank
Yen	Rubel	Franc Swiss

renminbi yuan	roepie	geldautomaat
Renminbi Yuan	Rupiah	ATM

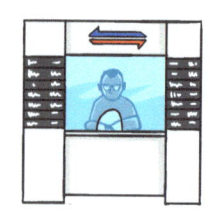

wisselkantoor	goud	zilver
kantor pertukaran mata uang	emas	perak
olie	energie	prijs
minyak	energi	harga
contract	belasting	aandeel
kontrak	pajak	saham
werken	werknemer	werkgever
bekerja	karyawan	majikan
fabriek	winkel	
pabrik	toko	

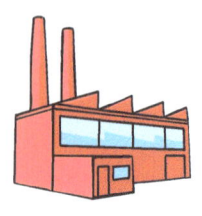

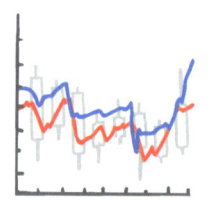

economie - ekonomi

beroepen
pekerjaan

politieagent
petugas polisi

brandweerman
pemadam kebakaran

kok
pemasak

dokter
dokter

piloot
pilot

tuinman
tukan kebun

timmerman
tukang kayu

naaister
penjahit wanita

rechter
hakim

scheikundige
ahli kimia

toneelspeler
aktor

beroepen - pekerjaan 53

buschauffeur	taxichauffeur	visser
sopir bis	sopir taksi	nelayan
schoonmaakster	dakdekker	ober
pembantu	tukang atap	pelayan
jager	schilder	bakker
pemburu	pelukis	tukang roti
elektricien	bouwvakker	ingenieur
tukang listrik	pembangun	insinyur
slager	loodgieter	postbode
tukang daging	tukang ledeng	tukang pos

beroepen - pekerjaan

soldaat	architect	kassier
tentara	arsitek	kasir
bloemist	kapper	conducteur
penjual bunga	penata rambut	konduktor
monteur	kapitein	tandarts
montir	kapten	dokter gigi
wetenschapper	rabbi	imam
ilmuwan	rabbi	imam
monnik	pastoor	
biarawan	pendeta	

beroepen - pekerjaan

gereedschap
alat

hamer
palu

tang
tang

schroevendraaier
obeng

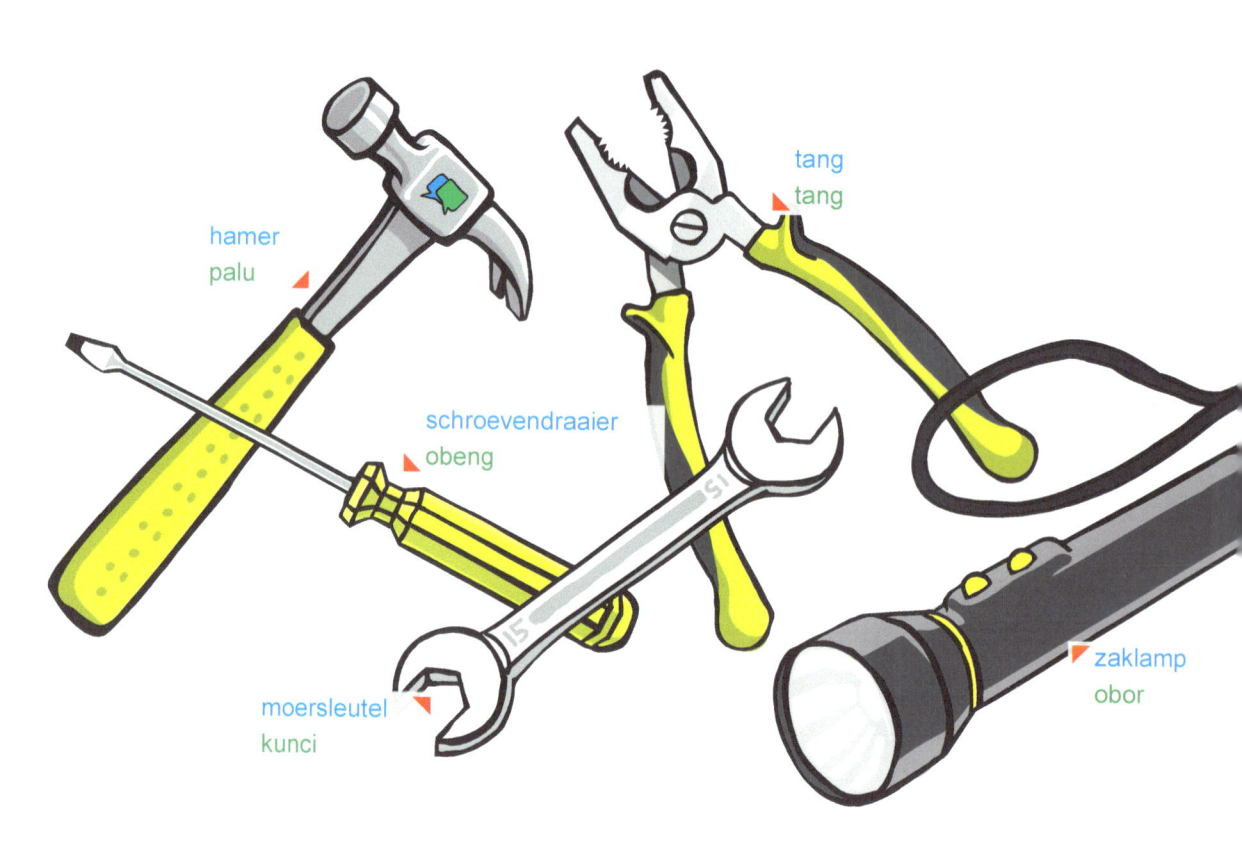

moersleutel
kunci

zaklamp
obor

graafmachine
penggali

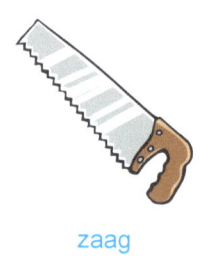

gereedschapskist
tas perkakas

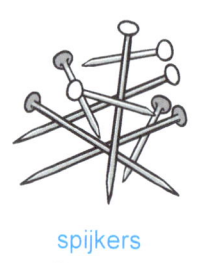

ladder
tangga

zaag
gergaji

spijkers
paku

boor
bor

gereedschap - alat

repareren
perbaikan

schep
sekop

Verdorie!
Sialan!

stofblik
cikrak

verfpot
pot cat

schroeven
sekrup

muziekinstrumenten
alat musik

luidspreker
pengeras suara

drumstel
alat drum

gitaar
gitar

contrabas
bas

trompet
trompet

muziekinstrumenten - alat musik 57

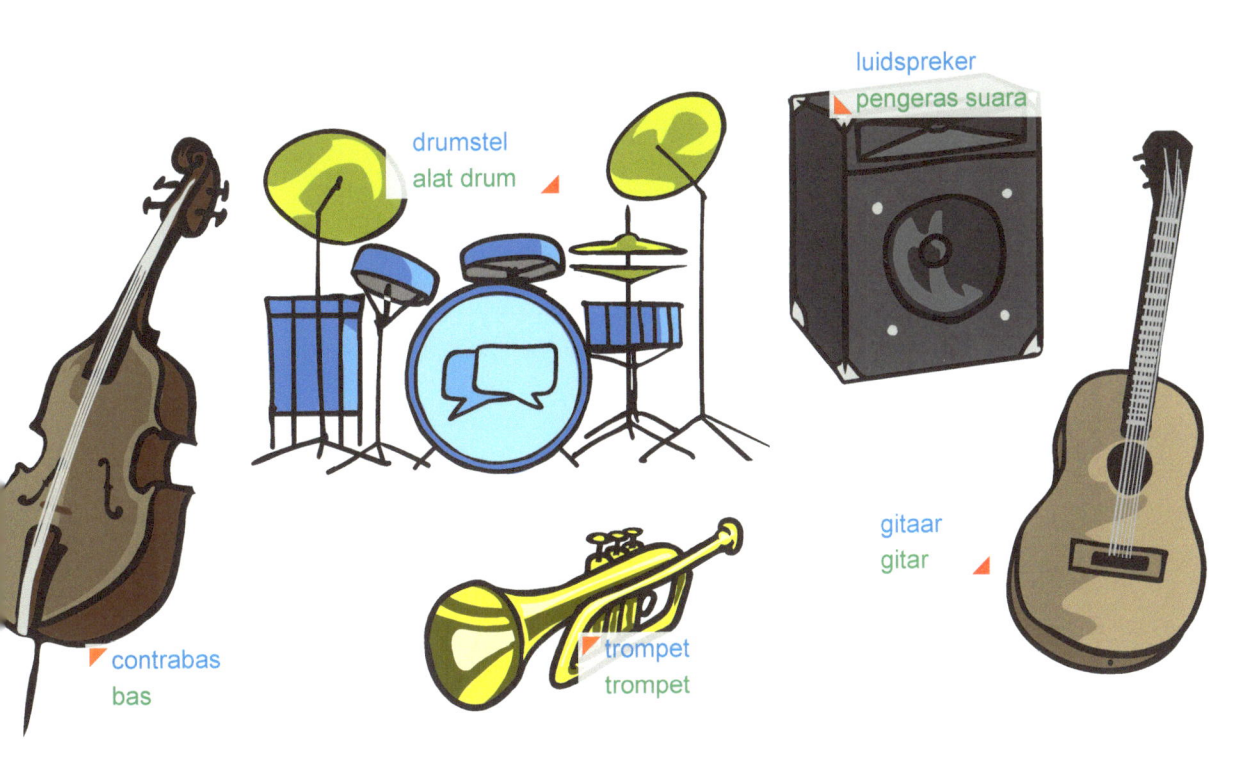

piano	viool	bas
piano	violin	bass
pauk	trommel	keyboard
tambur	drum	keyboard
saxofoon	fluit	microfoon
saksofon	suling	mikrofon

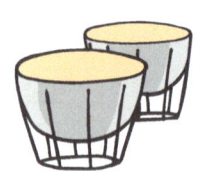

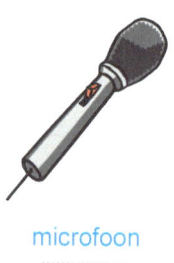

muziekinstrumenten - alat musik

dierentuin
kebun binatang

tijger / macan

ingang / pintu masuk

kooi / kandang

zebra / sebra

dierenvoer / pakan ternak

panda / panda

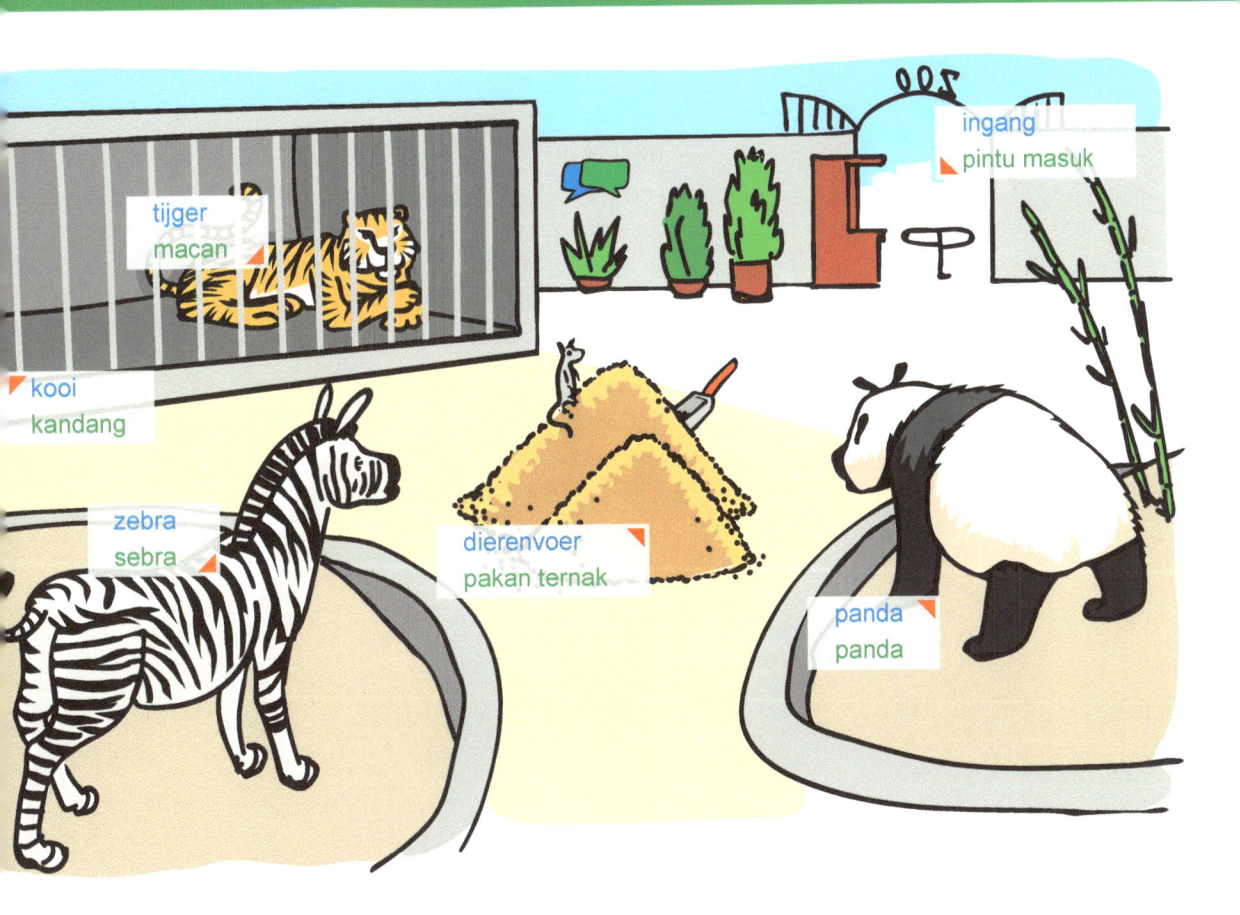

dieren / hewan

olifant / gajah

kangoeroe / kanguru

neushoorn / badak

gorilla / gorila

beer / beruang

dierentuin - kebun binatang

kameel	struisvogel	leeuw
unta	burung unta	singa
aap	flamingo	papegaai
monyet	flamingo	burung beo
ijsbeer	pinguïn	haai
beruang polar	penguin	hiu
pauw	slang	krokodil
merak	ular	buaya
dierenverzorger	zeehond	jaguar
penjaga kebun binatang	segel	jaguar

dierentuin - kebun binatang

pony	**luipaard**	**nijlpaard**
kuda poni	macan tutul	kuda nil
giraffe	**adelaar**	**wild zwijn**
jerapah	burung elang	babi jantan
vis	**schildpad**	**walrus**
ikan	kura-kura	anjing laut
vos	**gazelle**	
rubah	kijang	

dierentuin - kebun binatang

sport
olahraga

American football
american football

wielrennen
naik sepeda

tennis
tennis

basketbal
basketbal

zwemmen
bernang

ijshockey
hoki es

boksen
tinju

voetbal
sepak bola

badminton
badminton

atletiek
atletik

handbal
bola tangan

skiën
main ski

polo
polo

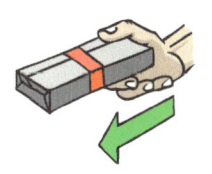

activiteiten
aktivitas

- springen / meloncat
- knuffelen / memeluk
- lachen / ketawa
- lopen / berjalan
- zingen / menyanyi
- dromen / mengimpi
- bidden / berdoa
- kussen / mencium

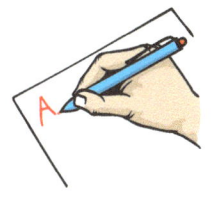

schrijven	tekenen	tonen
menulis	melukis	menunjuk

duwen	geven	oppakken
mendorong	memberikan	mengambil

hebben	doen	zijn
mempunyai	melakukan	adalah
staan	rennen	trekken
berdiri	berlari	menarik
gooien	vallen	liggen
melempar	jatuh	tidur
wachten	dragen	zitten
menunggu	membawa	duduk
aankleden	slapen	wakker worden
berpakaian	tidur	bangun

activiteiten - aktivitas

bekijken	huilen	strelen
melihat	menangis	mengelus
kammen	praten	begrijpen
menyisir	berbicara	mengerti
vragen	horen	drinken
menanyak	mendengar	minum
eten	opruimen	houden van
makan	merapikan	cinta
koken	rijden	vliegen
memasak	menyetir	terbang

activiteiten - aktivitas

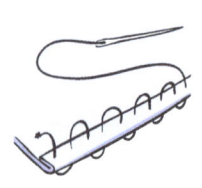

zeilen	rekenen	lezen
berlayar	menghitung	membaca
leren	werken	trouwen
belajar	bekerja	menikah
naaien	tandenpoetsen	doden
menjahit	sikat gigi	membunuh
roken	verzenden	
merokok	kirim	

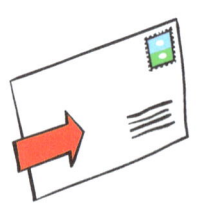

familie
keluarga

- grootmoeder / nek
- grootvader / kakek
- vader / bapak
- moeder / ibu
- baby / bayi
- dochter / putri
- zoon / putra

gast	tante	oom
tamu	bibi	paman

broer	zus
kakak laki	kakak perempuan

familie - keluarga

lichaam
badan

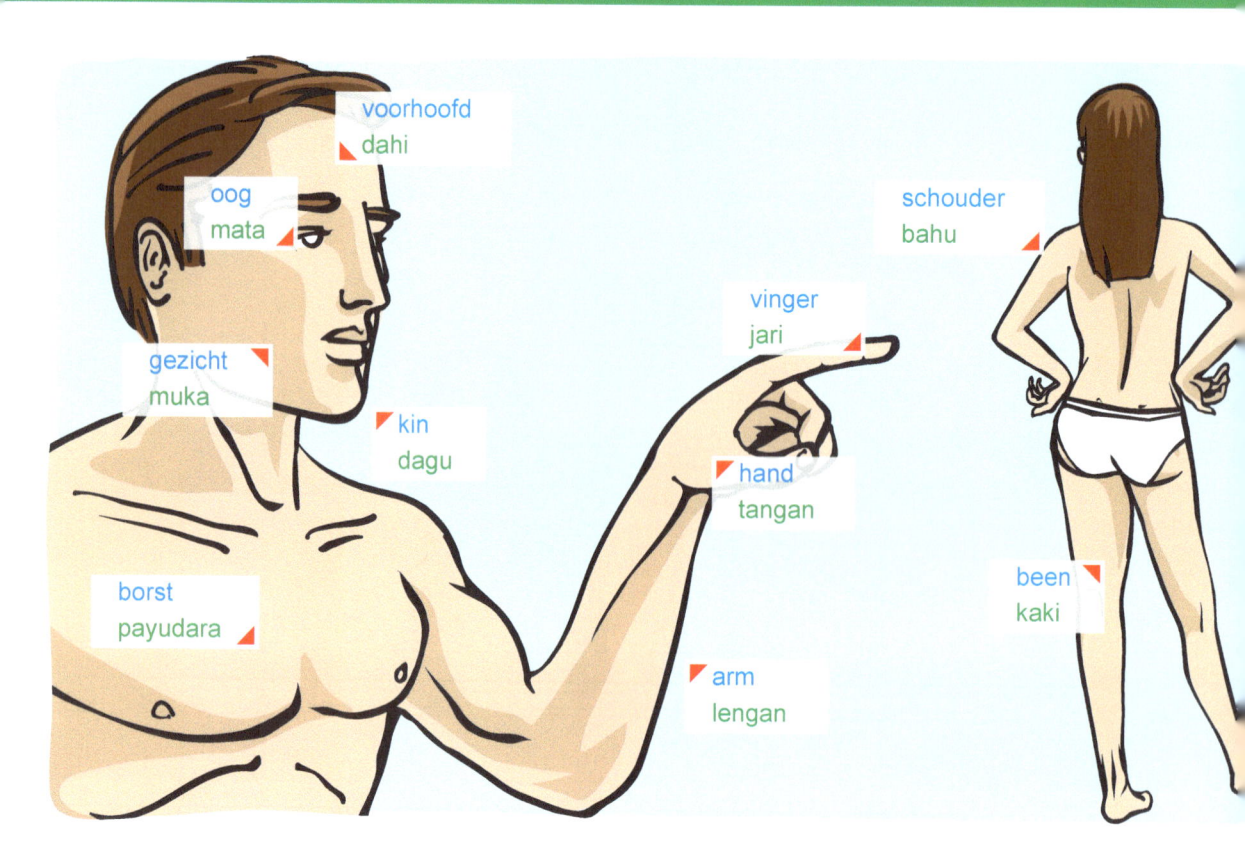

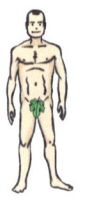

Dutch	Indonesian
voorhoofd	dahi
oog	mata
gezicht	muka
kin	dagu
borst	payudara
schouder	bahu
vinger	jari
hand	tangan
arm	lengan
been	kaki

baby	man	vrouw
bayi	pria	wanita
meisje	jongen	hoofd
perempuan	laki	kepala

lichaam - badan

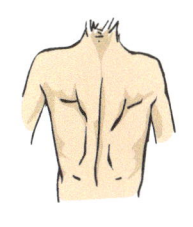

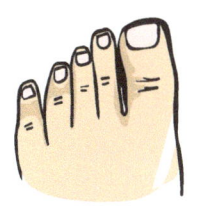

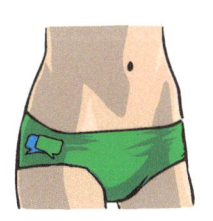

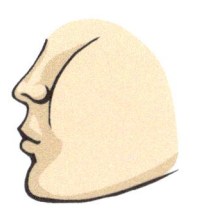

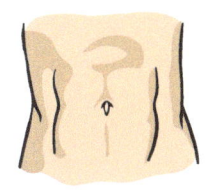

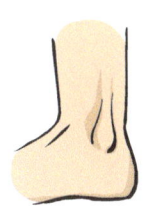

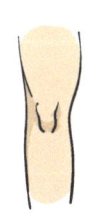

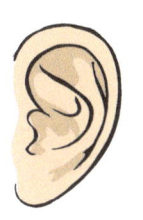

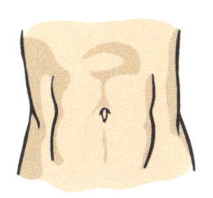

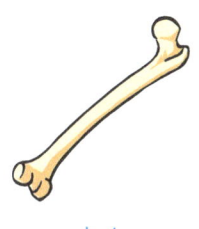

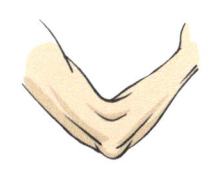

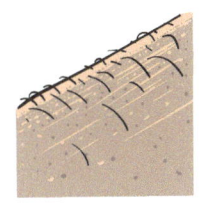

rug	buik	navel
punggung	perut	pusar
teen	hiel	bot
toe	tumit	tulang
heup	knie	elleboog
pinggang	lutut	siku
neus	achterwerk	huid
hidung	pantat	kulit
wang	oor	lippen
pipi	telinga	bibir

lichaam - badan

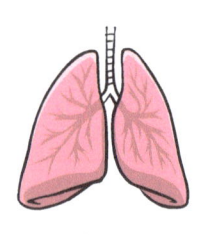

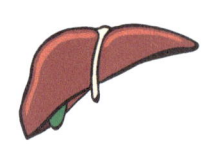

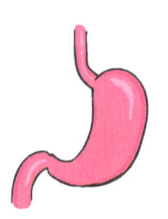

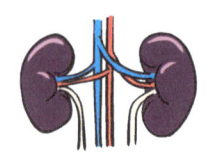

mond	tand	tong
mulut	gigi	lidah
hersenen	hart	spier
otak	jantung	otot
long	lever	maag
paru-paru	hati	stomach
nieren	geslachtsgemeenschap	condoom
ginjal	hubungan seks	kondom
eicel	sperma	zwangerschap
sel telur	sperma	kehamilan

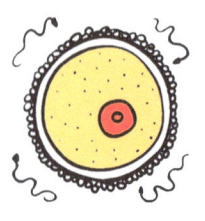

lichaam - badan

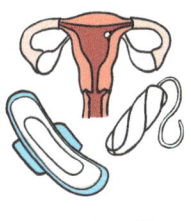

menstruatie
menstruasi

vagina
vagina

penis
penis

wenkbrauw
alis

haar
rambut

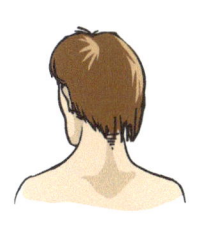

hals
leher

lichaam - badan

ziekenhuis
rumah sakit

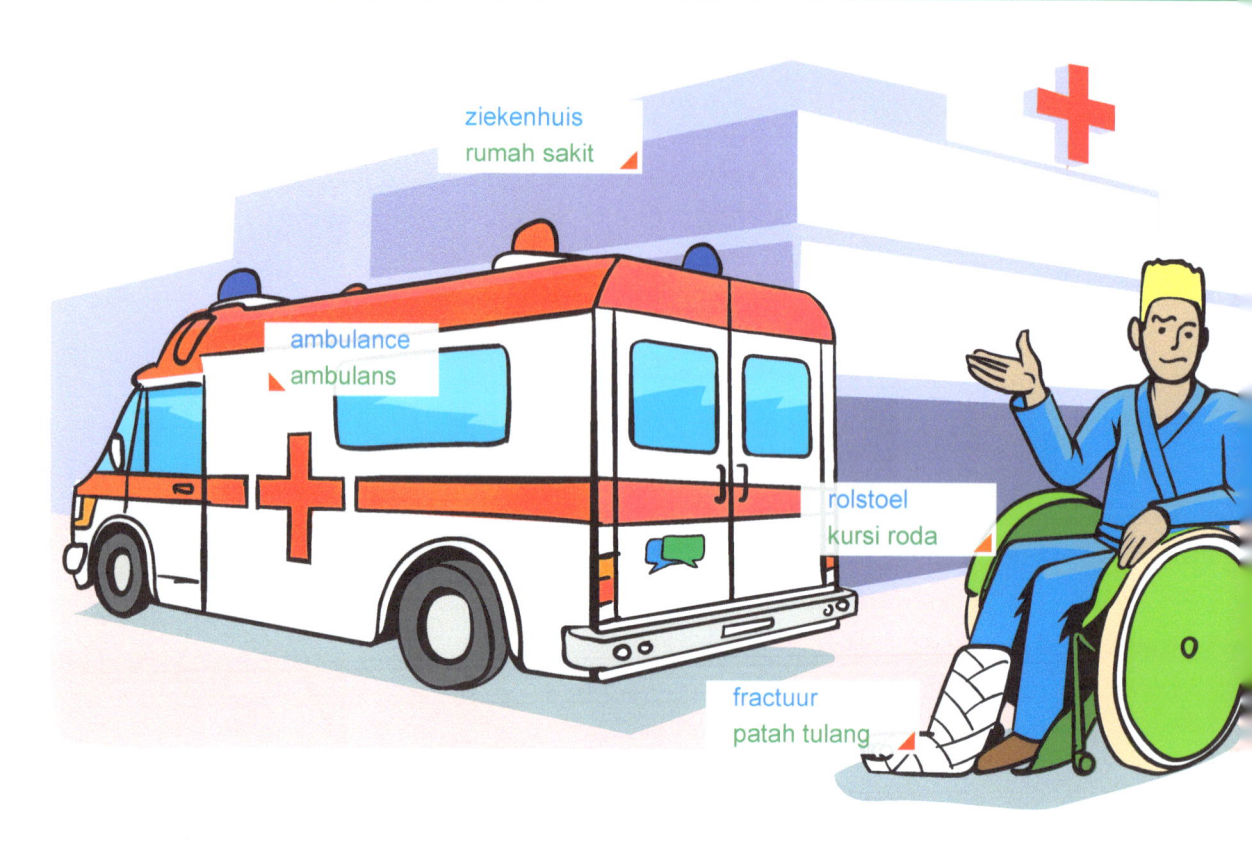

ziekenhuis / rumah sakit

ambulance / ambulans

rolstoel / kursi roda

fractuur / patah tulang

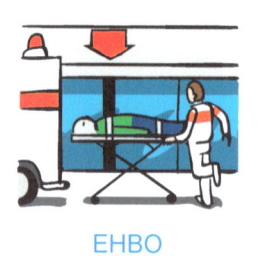

dokter	EHBO	verpleegster
dokter	ruang darurat	perawat
noodgeval	bewusteloos	pijn
darurat	semaput	sakit

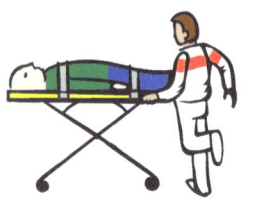

72 ziekenhuis - rumah sakit

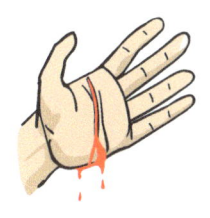

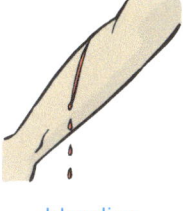

verwonding	bloeding	hartaanval
cedera	perdarahan	serangan jantung
beroerte	allergie	hoest
stroke	alergi	batuk
koorts	griep	diarree
demam	flu	diare
hoofdpijn	kanker	diabetes
sakit kepala	kanker	diabetes
chirurg	scalpel	operatie
ahli bedah	pisau bedah	operasi

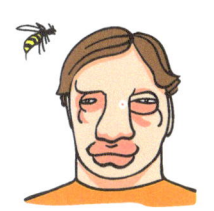

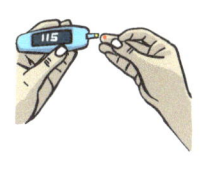

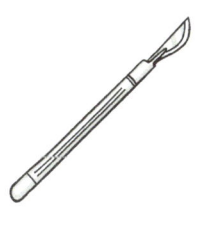

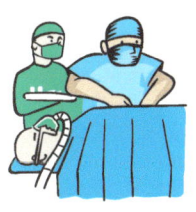

ziekenhuis - rumah sakit

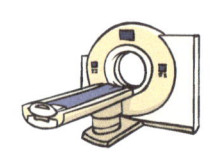

CT	röntgen	echografie
CT	sinar x	usg
gezichtsmasker	ziekte	wachtkamer
topeng	penyakit	ruang tunggu
kruk	pleister	verband
penyokong	plester	perban
injectie	stethoscoop	brancard
injeksi	stetoskop	usungan
thermometer	geboorte	overgewicht
termometer klinis	kelahiran	kelebihan berat badan

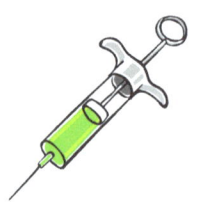

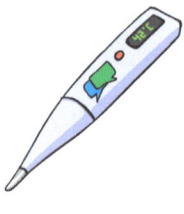

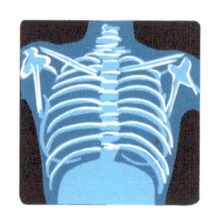

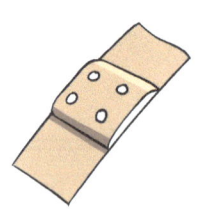

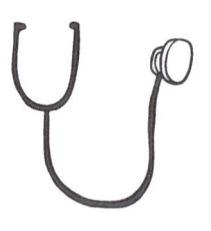

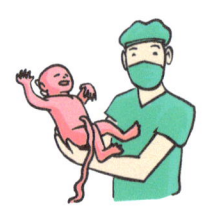

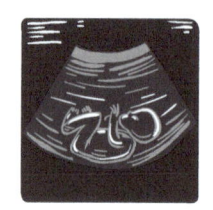

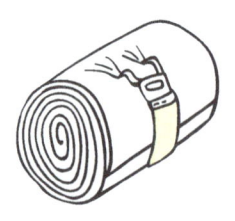

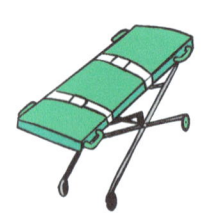

ziekenhuis - rumah sakit

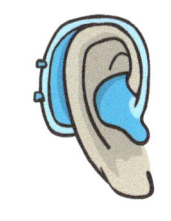

gehoorapparaat	ontsmettingsmiddel	infectie
alat pendengar	desinfektan	infeksi
virus	HIV / AIDS	medicijn
virus	HIV / AIDS	obat
inenting	tabletten	pil
vaksinasi	tablet	pil
alarmnummer	bloeddrukmeter	ziek / gezond
panggilan darurat	ukur tekanan darah	sakit / sehat

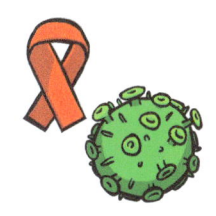

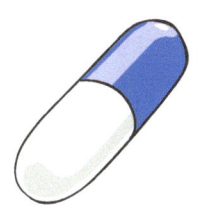

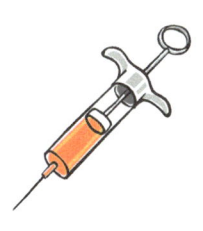

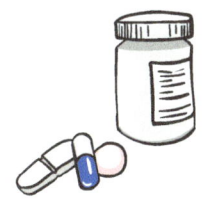

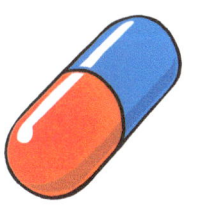

ziekenhuis - rumah sakit

noodgeval
darurat

Help!	alarm	overval
Tolong!	alarm	penyerbuan
aanval	gevaar	nooduitgang
serangan	bahaya	pintu darurat
Brand!	brandblusser	ongeluk
Api!	alat pemadam kebakaran	kecelakaan
EHBO-koffer	SOS	politie
kit pertolongan pertama	SOS	polisi

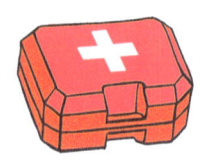

aarde
bumi

Europa	Noord-Amerika	Zuid-Amerika
Eropa	Amerika Utara	Amerika Selatan

Afrika	Azië	Australië
Afrika	Asia	Australi

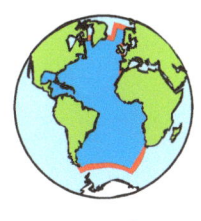

Atlantische Oceaan	Stille Oceaan	Indische Oceaan
Atlantik	Pasifik	Samudra India

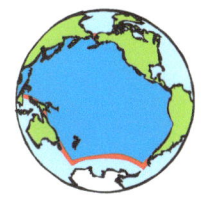

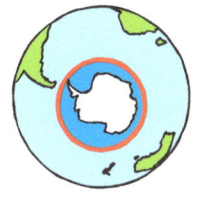

Zuidelijke Oceaan	Noordelijke IJszee	Noordpool
Samudra Antartika	Samudra Arktik	kutub utara

Zuidpool	Antarctica	aarde
kutub selatan	Antarktika	bumi
land	zee	eiland
tanah	laut	pulau
natie	staat	
bangsa	negara	

aarde - bumi

klok
jam

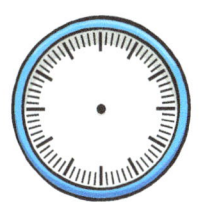

wijzerplaat
jam wajah

uurwijzer
jarum pendek

minutenwijzer
jarum menit

secondewijzer
jarum detik

Hoe laat is het?
Jam berapa?

dag
hari

tijd
waktu

nu
sekarang

digitaal horloge
jam digital

minuut
menit

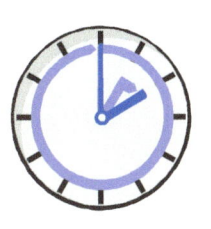

uur
jam

klok - jam 79

week
minggu

maandag / Senin
dinsdag / Selasa
woensdag / Rabu
donderdag / Kamis
vrijdag / Jumat
zaterdag / Sabtu
zondag / Minggu

gisteren / kemaren

vandaag / hari ini

morgen / besok

ochtend / pagi

middag / siang

avond / malam

werkdagen / hari kerja

weekend / akhir minggu

week - minggu

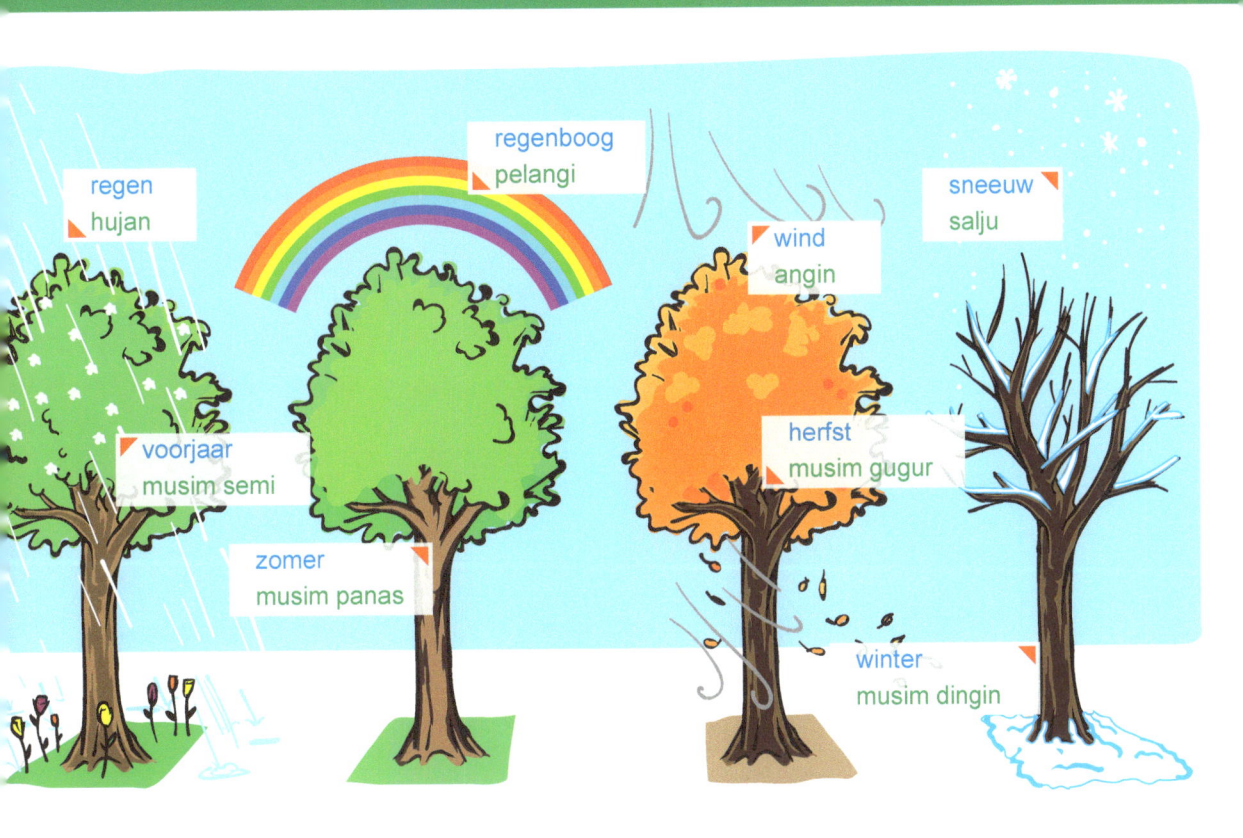

jaar
tahun

regen / hujan

regenboog / pelangi

wind / angin

sneeuw / salju

voorjaar / musim semi

zomer / musim panas

herfst / musim gugur

winter / musim dingin

weerbericht
ramalan cuaca

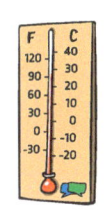

thermometer
termometer

zonneschijn
matahari

wolk
awan

mist
kabut

luchtvochtigheid
kelembahan

jaar - tahun 81

bliksem	donder	storm
kilat	guntur	badai
hagel	moesson	overstroming
hujan es	monsun	banjir
ijs	januari	februari
es	Januari	Februari
maart	april	mei
Maret	April	Mei
juni	juli	augustus
Juni	Juli	Agustus

jaar - tahun

september
September

oktober
Oktober

november
November

december
Desember

vormen
bentuk

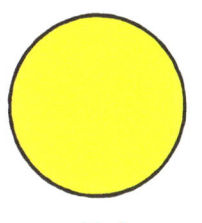

cirkel
lingkaran

vierkant
persegi

rechthoek
persegi panjang

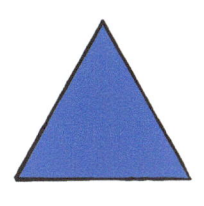

driehoek
segi tiga

bol
bola

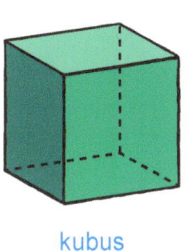

kubus
kubus

kleuren
warna-warna

wit	geel	oranje
putih	kuning	oranye
roze	rood	paars
pink	merah	ungu
blauw	groen	bruin
biru	hijau	coklat
grijs	zwart	
abu-abu	hitam	

tegenstellingen
berlawanan

veel / weinig
banyak / sedikit

boos / rustig
marah / tenang

mooi / lelijk
cantik / jelek

begin / einde
mulaih / selesai

groot / klein
besar / kecil

licht / donker
terang / gelap

broer / zus
saudara laki-laki / saudara perempuan

schoon / vies
bersih / kotor

volledig / onvolledig
lengkap / tidak lengkap

dag / nacht
hari / malam

dood / levend
mati / hidup

breed / smal
luas / sempit

tegenstellingen - berlawanan 85

eetbaar / oneetbaar	gemeen / aardig	opgewonden / verveeld
dapat dimakan / tidak dapat dimakan	jahat / baik	bersemangat / bosan
dik / dun	eerste / laatste	vriend / vijand
gemuk / kurus	pertama / terakhir	teman / musuh
vol / leeg	hard / zacht	zwaar / licht
penuh / kosong	keras / lembut	berat / enteng
honger / dorst	ziek / gezond	illegaal / legaal
lapar / haus	sakit / sehat	ilegal / legal
intelligent / dom	links / rechts	dichtbij / ver
cerdas / bodoh	kiri / kanan	dekat / jauh

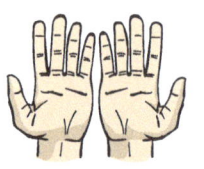

tegenstellingen - berlawanan

nieuw / gebruikt	niets / iets	oud / jong
baru / bekas	tidak ada apapun / sesuatu	tua / muda
aan / uit	open / gesloten	zacht / luid
nyala / mati	buka / tutup	tenang / keras
rijk / arm	goed / fout	ruw / glad
kaya / miskin	benar / salah	kasar / halus
verdrietig / gelukkig	kort / lang	langzaam / snel
sedih / gembira	pendek / panjang	pelan-pelan / cepat
nat / droog	warm / koel	oorlog / vrede
basah / kering	hangat / sejuk	perang / damai

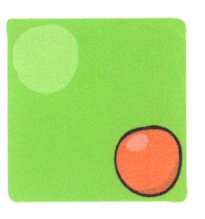

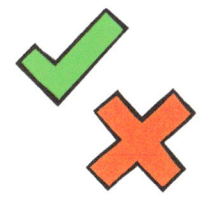

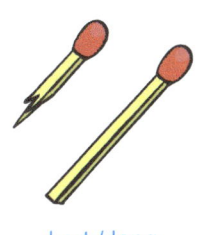

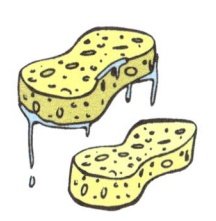

tegenstellingen - berlawanan

getallen
angka-angka

0
nul
nol

1
één
satu

2
twee
dua

3
drie
tiga

4
vier
empat

5
vijf
lima

6
zes
enam

7
zeven
tujuh

8
acht
delapan

9
negen
sembilan

10
tien
sepuluh

11
elf
sebelas

12
twaalf
duabelas

13
dertien
tigabelas

14
veertien
empatbelas

15
vijftien
limabelas

16
zestien
enambelas

17
zeventien
tujuhbelas

18
achttien
delapanbelas

19
negentien
sembilanbelas

20
twintig
duapuluh

100
honderd
seratus

1.000
duizend
seribu

1.000.000
miljoen
juta

getallen - angka-angka

talen
bahasa-bahasa

Engels
Inggris

Amerikaans Engels
bahasa Inggris Amerika

Chinees Mandarijn
bahasa Cina Mandarin

Hindi
bahasa Hindi

Spaans
bahasa Spanyol

Frans
bahasa Perancis

Arabisch
bahasa Arab

Russisch
bahasa Rusia

Portugees
bahasa Portugis

Bengalees
bahasa Bengal

Duits
bahasa Jerman

Japans
bahasa Jepang

wie / wat / hoe
siapa / apa / begaimana

ik / saya	jij / kamu	hij / zij / het / dia
wij / kita	jullie / kalian	zij / mereka
wie? / siapa?	wat? / apa?	hoe? / begaimana?
waar? / dimana?	wanneer? / kapan?	naam / nama

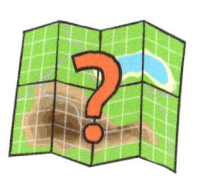

waar
dimana

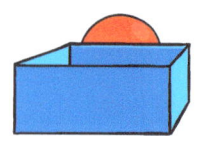

achter	in	voor
dibelakang	di	didepan

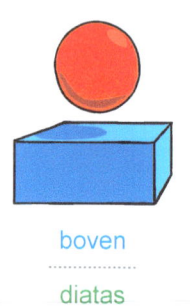

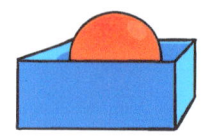

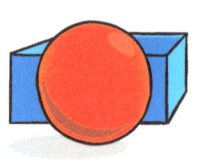

boven	op	onder
diatas	diatas	dibawah

naast	tussen	plaats
sebelah	di antara	tempat